Nous conjuguons!

Le verbe **AVOIR** au présent de l'indicatif

Catalogage avant publication de Bibliothèque et Archives Canada

Pelletier Dominique, 1975-, auteur, illustrateur
Le verbe avoir au présent de l'indicatif / Dominique Pelletier, auteur et illustrateur.

(Nous conjuguons! Le verbe avoir au présent de l'indicatif)
ISBN 978-1-4431-3827-7 (couverture souple)

1. Avoir (Le mot français)--Ouvrages pour la jeunesse.
2. Français (Langue)--Conjugaison--Ouvrages pour la jeunesse. I. Titre.

PC2317.A86P45 2014   j448.2   C2014-902162-3

5 4 3 2 1   Imprimé au Canada 119   14 15 16 17 18

MIXTE
Papier issu de
sources responsables
FSC® C103113

FSC
www.fsc.org

10%

Nous conjuguons!

Le verbe **AVOIR** au présent de l'indicatif

Dominique Pelletier

Éditions **SCHOLASTIC**

J'ai un chat.

Tu as un chat.

Il a un chat.

Elle a un chat.

Nous avons un chat.

Vous avez un chat.

Ils ont un chat.

Elles ont un chat.

J'ai un chien.

Tu as un chien.

Il a un chien.

Elle a un chien.

Nous avons un chien.

Vous avez un chien.

Ils ont un chien.

Elles ont un chien.

J'ai un escargot.

Tu as un escargot.

Il a un escargot.

Elle a un escargot.

Nous avons un escargot.

Vous avez un escargot.

Ils ont un escargot.

Elles ont un escargot.

J'ai une coccinelle.

Tu as une coccinelle.

Il a une coccinelle.

Elle a une coccinelle.

Nous avons une coccinelle.

Vous avez une coccinelle.

Ils ont une coccinelle.

Elles ont une coccinelle.

J'ai un cheval.

Tu as un cheval.

Il a un cheval.

Elle a un cheval.

Nous avons un cheval.

Vous avez un cheval.

Ils ont un cheval.

Elles ont un cheval.

Nous avons un cheval.

J'ai une tortue.

Tu as une tortue.

Il a une tortue.

Elle a une tortue.

Nous avons une tortue.

Vous avez une tortue.

Ils ont une tortue.

Elles ont une tortue.

J'ai un dragon.

Tu as un dragon.

Il a un dragon.

Elle a un dragon.

Nous avons un dragon.

Vous avez un dragon.

Ils ont un dragon.

Elles ont un dragon.

J'ai une souris.

Tu as une souris.

Il a une souris.

Elle a une souris.

Nous avons une souris.

Vous avez une souris.

Ils ont une souris.

Elles ont une souris.

J'ai un chat.

Tu as un chien.

Il a un escargot.

Elle a une coccinelle.

Nous avons un cheval.

Vous avez une tortue.

Ils ont un dragon.

Elles ont une souris.

Instructions
Cartes éclair

Exerce-toi à conjuguer
le verbe avoir à l'aide des
cartes éclair qui suivent.
Le verbe conjugué figure
au dos de chaque carte.

J'	Tu
Il	Elle
Nous	Vous
Ils	Elles

Tu as
un chien.

J'ai
un chat.

Elle a
une coccinelle.

Il a
un escargot.

Vous avez
une tortue.

Nous avons
un cheval.

Elles ont
une souris.

Ils ont
un dragon.